Ulla Gas

Der Mann.
Anschaffung, Haltung, Entsorgung

Erfolgreiche Männererziehung

Illustriert von Lothar Reinhardt

Eichborn.

8 9 10 02 01 00

Umschlaggestaltung: Christina Hucke
Illustrationen: Lothar Reinhardt
Gesamtherstellung: Fuldaer Verlagsagentur, Fulda
ISBN 3-8218-2425-5

Verlagsverzeichnis schickt gern:
Eichborn Verlag, Kaiserstraße 66, D-60329 Frankfurt am Main
www.eichborn.de

INHALT

VORWORT

Den Mann gibt es schon seit vielen Jahrtausenden. Welch ein Glück! Denn ohne ihn und seine Fortpflanzungsorgane wäre frau nicht in der Lage gewesen, den menschlichen Fortbestand bis heute zu sichern.

Einst kam den Frauen der Jagd- und Beschützerinstinkt der männlichen Spezies zugute. Sorgten sie doch mit rohem Tierfleisch und Pelzen für das Wohl ihrer Familie im Außenbereich, während die Frauen für die Weiterverarbeitung und die nötige Nestwärme zuständig waren.

Nun, welchen Stellenwert nimmt der Mann heute im Leben einer Frau ein? – Eine zu Recht häufig gestellte Frage. In einer Zeit der sich auflösenden Familien und des kultivierten Singledaseins möchte man fast annehmen, auf den einst so notwendigen Begleiter vollständig verzichten zu können.

Doch solche Überlegungen sind müßig. Einmal existent, kann der Mann mit seinen nützlichen Eigenschaften auch heute noch viel Freude bereiten. So sind Anhänglichkeit bis zur Unterwerfung, wohl dosierte Beschützereigenschaften und ein ebensolcher Spieltrieb beim weiblichen Geschlecht noch immer gefragte Tugenden.

Ob sich der von Ihnen auserwählte Mann jedoch als wohltuender Freizeit- und auch heute noch als Familienpartner entfalten kann, hängt im wesentlichen von seiner artgerechten Haltung ab. Ist er ein Land- oder Stadtmensch? Bekommt er die notwendige Zuwendung? Das sind Fragen, die frau sich *vor* der Anschaffung eines Mannes überlegen sollte. Nur wenn Sie dem jeweiligen Naturell gerecht werden, gibt Ihnen Ihr im Grunde treuer Begleiter ein Stück Glück zurück – mehr, als es ein Goldhamster je vermag.

REINHARDT

I. ÜBERLEGUNGEN ZUR ANSCHAFFUNG

TEST

Wieviel Freiheit brauche ich?

A. Viel, denn Schoßhunde sind mir zuwider.
B. Viel, und bis auf das eine mache ich alles alleine.
C. War lange genug allein, jetzt langweilen wir uns zu zwein.

Warum will ich mir einen Mann anschaffen?

A. Eigentlich nur aus Prestigegründen.
B. Ich brauche gelegentlich einen Bewacher, und Escortmänner sind mir auf die Dauer zu teuer.
C. Zu einer vollständigen Familie gehört ein Mann.

Soll der Mann eine Daueranschaffung sein?

A. Ich bin doch nicht blöd!
B. Ein Teilzeitmann wäre ideal.
C. . . . bis daß der Gnadenschuß ihn erlöst.

Testauflösung

Vorwiegend A-Antworten:
Überlegen Sie sich die Anschaffung eines Mannes. Kosten und Mühen stehen für Sie zum Aufwand, den ein Mann erfordert, im schlechten Verhältnis.

Vorwiegend B-Antworten:
Lassen Sie sich vor der Aschaffung eines Gelegenheitsexemplars gut beraten, sonst geht Ihr neuer Hausgenosse jämmerlich ein.

Vorwiegend C-Antworten:
Sie neigen zu symbiotischen Beziehungen. Seien Sie auf der Hut, sonst macht der neue Hausgenosse mit Ihnen, was er will.

Männer gibt es wie Sand am Meer. Auf Frauen bis vierzig kommen im Schnitt zwei Männer. Nehmen Sie sich also Zeit mit der richtigen Wahl. Prüfen Sie vorher genau, ob Sie eher einen Schoßhund suchen oder ob Sie mit dem neuen Hausgenossen weite Reisen machen wollen. Auch gibt es Rassen, die eher zu mehreren Bezugspersonen neigen, was für eine monogame Halterin ein böses Erwachen bedeuten kann.

Unter den ungefähr vierhundert verschiedenen Arten und Rassen sollte jedoch für jede Halterin die richtige dabei sein. Zur Erleichterung sind hier die wichtigsten Grundtypen aufgeführt.

VERSCHIEDENE MÄNNERRASSEN

Der Jäger (Streuner)

Diese Sorte Mann sieht ihre Aufgabe weniger in der Rolle als Beschützer, sondern allenfalls als Gehilfe ihres Frauchens beim täglichen Erjagen des Geldes. Die bekanntesten Vertreter sind die Yuppies oder auch die Dinks (double income no

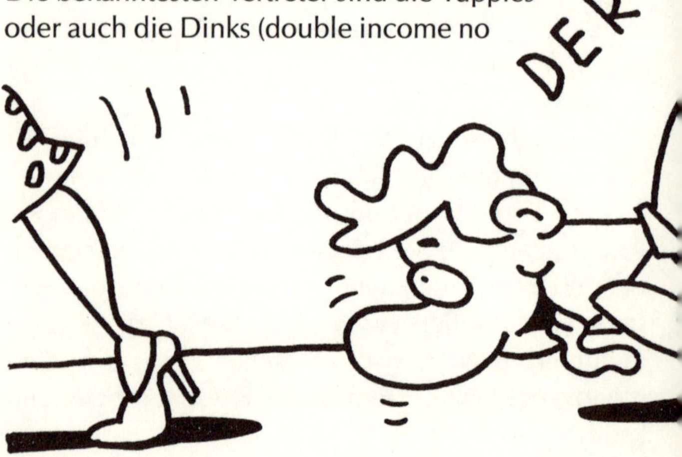

kids). Eine Frau, die ihren Jäger an der Börse spekulieren läßt oder ihm eine Lizenz als Gebrauchtwagenhändler verschafft, wird in ihrer Haushaltskasse nie eine Ebbe erleben. Dennoch verlangt dieser Mann nach einer unabhängigen Besitzerin, denn Wachsamkeit gehört nicht zu seinen herausstechenden Eigenschaften.

Ausgestattet mit einem freundlichen Wesen und einer aufgeweckten Art, braucht er viel Bewegungsfreiraum. Dann kann er sogar als Familiengehilfe eingesetzt werden. Jedoch ist auf eine sehr gute Gehorsamsschulung zu achten, sonst bleibt der Jäger bei seinen ausgeprägten Streifzügen eines Tages ganz fern.

Das Familientier

Es gilt als wissenschaftlich gesicherte Erkenntnis, daß sich eine männliche Bezugsperson positiv auf ein Kind auswirkt. Daher ist der weibliche Wunsch nach einem familienfreundlichen Partner – sei es, daß frau schon ein Kind hat oder sich eines zusammen mit ihrem neuen Hausgenossen wünscht – nur verständlich. Achten Sie also vor Ihrer Wahl unbedingt auf eine hohe Toleranzgrenze. Zähnefletschende Alltagstyrannen eignen sich nicht als Familientiere! Nun besagt die neueste Verhaltensforschung, daß aggressives Verhalten eher der individuellen Veranlagung zuzuschreiben ist als der

einzelnen Männerrasse. Stellen Sie Ihre Neuerwerbung also auf die nervliche Zerreißprobe. Laden Sie Freundinnen mit Kindern ein, und lassen Sie die Kleinen auch mal an seinem CD-Player spielen oder ihm die Haare einfärben (Lebensmittelfarbe). Besonders eignen sich Kinder in Trotz-, Fremdel- oder Flegelphasen. Wenn sich Ihr neuer Mann nach drei Stunden noch nicht auf den Schwanz getreten fühlt, hat er sich für seine Rolle als Familientier qualifiziert.

Der Terrier (Der Pascha)

Diese Sorte Mann ist alles andere als ein Schoßhund. Anwärterinnen für einen Terrier sollten wissen, daß sie sich auf ein kämpferisches Temperamentsbündel einlassen, das dem Wühlen im Erdreich näher ist (terra = Erde) als dem romantischen Schwanzwedeln. Was soviel heißt wie: Das Versumpfen in einschlägigen Kneipen ist genetisches Erbe des Terriers.

Es bedarf schon eines besonders resoluten Frauchens (keine Männerersthalterin!), um den allen möglichen irdischen Genüssen zugewandten Hausgenossen zu einem partnerschaftlichen Umgang zu erziehen, sowie seinen Hang zum Rudelführer zu unterdrücken.

Als Begleitmänner sind die Terrier dennoch gelegentlich gut einsetzbar, sei es zur Abschreckung anderer Artgenossen (zum Beispiel Bullterrier, auch unter dem Namen »Bullen« bekannt) oder nur zum eigenen Vergnügen der Besitzerin. Hier bieten sich die im Verlauf mehrerer Zuchtgenerationen abgemilderten Terriertypen an, zum Beispiel der Dandie Dinmont Terrier oder abgekürzt: Dandie.

Das Gesellschaftstier (Der Partner)

Unter diesem Begriff ist eine Vielzahl verschiedener Männerrassen zusammengefaßt. Wie der Name schon sagt, eignet sich der Gesellschafts- beziehungsweise Begleitmann hervorragend für ein harmonisches Zusammenleben. Solche Männer zeichnet eine lange Erfahrung als Begleitmänner aus. Verbissene Kämpfe mit ihrem Alphaweibchen haben sie sich grundlegend abgeschminkt. Dennoch wirken sie nicht resigniert, sondern sind dankbar, wenn sie in der neuen Partnerschaft ihren festen (untergeordneten) Platz zugewiesen bekommen. Selbstverständlich besitzt der Gesellschaftsmann auch hervorragende Familienqualitäten.Doch Vorsicht: Wegen seiner oft auch äußeren Knuddeligkeit wird er oft als Schoßhund mißbraucht. Nimmt die Besitzerin ihn dagegen ernst, entfaltet er ihr gegenüber seine volle Loyalität.

Der Windhund (Das Schlitzohr)

Diese Männerrasse ist schwer einschätzbar. Sie jagt – von vielen Männerhalterinnen völlig unbemerkt – mit den Augen. Zurückhaltend und scheu in ihrer Art, werden sie von ihrem Frauchen oft unterschätzt. Gibt es auch die typischen Windspiele unter ihnen

– ein leichtes Spiel hat die Besitzerin dennoch nicht. Ständiger Auslauf ist das Ziel eines jeden Windhunds. Kann sich die Besitzerin jedoch auf diesen Freiheitsdrang einlassen, wird ihr Windhund es ihr danken und sich durchaus von seiner familiären Schokoladenseite zeigen. Abzuraten ist unbedingt von den »Rennmaschinen«. Diese sind in der freien Wildbahn besser aufgehoben.

Der Gebrauchsmann (Der Praktische)

Er ist darauf gezüchtet worden, einer festen Aufgabe innerhalb der Partnerschaft beziehungsweise in der Familie nachzugehen. Ein vom Schlittenhund abstammender Mann sollte also – wenn es unsere mildere Klimazone schon nicht hergibt, Familienschlitten durch tiefen Schnee zu ziehen – mit dem täglichen Einkauf betraut werden. Bei vollen Einkaufswagen oder beim Rangieren von Familienkutschen läuft er zu seiner Höchstform auf.

Vom Hirten abstammende Männer nehmen dagegen mit Vorliebe Babysitterdienste in Anspruch, natürlich ohne zu knurren. Die Halterin darf ohne schlechtes Gewissen Haus, Hof und Kinder dieser treuen Sorte überlassen.

Vorsicht ist geboten bei Gebrauchsmännerrassen, die ihre Aufgabe lediglich in der Dauerarbeit sehen. Bei diesen besteht die Gefahr, daß ihr Rudelinstinkt degeneriert ist. Das Ergebnis ist ein Workaholic (bekannt auch unter der Bezeichnung »Arbeitstier«). Ein verkapptes Singleleben mit Versorgungsausgleich ist für frau die Folge.

Bedenklich sind auch Männer, die von Schutzmännern abstammen. Ihr Schutzinstinkt kann derart ausgeprägt sein, daß sie selbst nicht mehr zwischen sinnvoller Abwehr und egomanischer Tyrannei unterscheiden können.

MUSS ES UNBEDINGT EIN RASSEMANN SEIN?

Viele Frauen tendieren zu Reinformen von Männern. Hier besteht die Gefahr, daß frau sich selbst einengt oder zu hohe Erwartungen an den neuen Mann stellt. Ein Gebrauchsmann muß nicht auf ewig treusorgend bleiben, und auch ein Jäger kann im Verlauf seines Alters zum gesetzten Schoßhund werden. Der schnelle Wandel der Zeit läßt hier einige Raster aus den Fugen geraten.

Bedenken Sie, daß sich im Laufe der Evolution, etwa durch liberalisierte Fortpflanzungsmethoden oder durch unachtsame Männerhalterinnen, zahlreiche Mischformen herausgebildet haben, die aber durchaus ihre liebenswerten Züge haben. Sie tragen oft die guten Eigenschaften von mehreren Rassemännern in sich.

Oft ist es interessanter für die Beziehung, wenn Sie sich für einen Mischlingsmann entscheiden. In der Regel sind sie robuster, weil nicht überzüchtet. Auch hält der Mischlingsmann so manche Überraschung für Sie bereit, was einer langjährigen Beziehung den nötigen Esprit verleiht.

II. WIE ERZIEHE ICH EINEN MANN?

Ob frau es nun wahrhaben will oder nicht – selbst das verhaltensauffälligste Männerexemplar ist letztlich Produkt seiner mütterlichen Erziehung. Zu lange hat der Mann mit seiner Mutterfixierung gelebt, wurden ihm Rollen zugeschrieben, die er mangels Vater oft gegen seinen Willen einnehmen mußte. Verlangen Sie also nicht zuviel von Ihrer Neuerwerbung. Alte Verhaltensmuster abzulegen, sich zu einem vollwertigen, angepaßten Partner zu entwickeln sind avisierte Ziele und noch längst nicht die gängige Praxis. Kurzum: Mann bleibt Mann, und Überforderung führt zu Neurosen, mit denen Sie sich oft ein Leben lang herumschlagen müssen. Nichtsdestotrotz verlangt der Mann nach strenger Erziehung und festen Regeln. Frau braucht sich deshalb nicht schlecht zu fühlen, sondern sollte wissen, daß sie sich lediglich die angeborenen Instinkte des Mannes zunutze macht. Ein einsamer Wolf geht buchstäblich ein, weil ihm der Schutz und die Hilfe seines Familienrudels fehlen. So ordnet sich der Mann gern unter, vorausgesetzt, er erfährt klare Orientierungspunkte. Weisen Sie ihm also seinen ihm gebührenden Platz zu. Denn mit einer psychologisch einfühlsamen, aber konsequenten Männererziehung erweisen Sie sich nicht nur selbst einen großen Gefallen, sondern ersparen auch Ihrem Mann und seiner Umgebung viel Ärger.

Vorausgesetzt, Ihr Mann erfährt in unbedenklichen Situationen genügend Freiraum, wird er, wenn es darauf ankommt, Ihnen unbedingten Gehorsam leisten.

Sicher ist einer Männerhalterin nicht damit gedient, wenn der Mann sein Frauchen anderswo bloßstellt oder wenn er, kaum daß die Leine etwas gelockert wird, heißen Weibchen hinterhergiert. Ziel ist es, daß der Mann ständigen Kontakt (Blickkontakt reicht aus) zu seiner Frau hält.

DAS RICHTIGE TRAINING

Das Training mit dem Mann sollte in einer störungsfreien Umgebung beginnen. Es ist also ratsam, zunächst in aller Ruhe mit ihm über das Zusammenleben zu sprechen. Der Mann sollte genau wissen, was er darf und was nicht. Üben Sie die Kommandos erst einmal daheim. So läßt sich ein Fehlverhalten –

ohne Gesichtsverlust nach außen – schneller korrigieren.

Nehmen Sie sich die Übungen einzeln vor (sonst ist Ihr Mann überfordert), und wiederholen Sie sie gegebenenfalls in unmittelbarem Anschluß. Bei erfolgreich absolvierter Trainingseinheit kann diese nun auch in der freien Natur oder Stadt wiederholt werden. Nur so prägt sich das richtige Verhalten ein.

EXEMPLARISCHES TRAININGSPROGRAMM

Die Männerhalterin sollte sich ihre Erziehungsziele *vor* der Anschaffung eines Mannes überlegen. Je nach Bedürfnislage (siehe auch »Test«) kann jede Frau ihr individuelles Trainingsprogramm für den Mann erstellen. Es empfiehlt sich, die wichtigsten Ziele aufzuschreiben und in Abständen deren Erfolg zu kontrollieren.

Beispiel: *Er soll . . .*

1. *. . . mindestens die Hälfte der Hausarbeit übernehmen.*

Übungen: Wäsche nach Waschtemperatur sortieren; Kochbücher wälzen; Wasser zum Kochen bringen, danach auch Lebensmittel garen; Einkaufszettel erstellen.

2. *. . . mir treu zur Seite stehen.*

Übungen: mich trösten, wenn ich über meinen Seitensprung nicht hinwegkomme; mich aufrichten, wenn mich ein Freund/eine Freundin hängenläßt.

3. *. . . mit mir offen über alles sprechen.*

Übungen: tägliches Kreuzverhör; seine persönlichen Notizen diskutieren; sein therapeutisches Gutachten erörtern.

4. *... in der Lage sein, auch über Gefühle zu reden.*
Übungen: Einleitungen verbieten, wie »Ich weiß, daß ... «, »in der ZEIT steht«, »es ist logisch, daß ... «, statt dessen: »Ich habe das Gefühl/empfinde/spüre, daß ... « einführen; täglich seine Gefühle mir gegenüber darstellen.

5. *... ehrlich sein.*
Übungen: *glaubwürdig* verneinen, wenn ich ihn frage, ob ich zu dick bin (falls ich zu dick bin); zugeben, wenn er einen Freund bescheißt.

6. *... sich partnerschaftlich verhalten.*
Übungen: tägliche Demütigungsübungen ohne nervliche Eskapaden (seinerseits) absolvieren; mich *vor* seinen (grundweg unwichtigen) Entscheidungsfindungen mit einbeziehen.

7. *... stets wissen, wer sein Alpha-Weibchen ist.*
Übungen: bei Fuß gehen unter lockerer Leinenführung; innigen Augenkontakt halten, gerade auch in Anwesenheit anderer attraktiver Weibchen.

8. *... Wert auf sein Äußeres legen.*
Übungen: täglich zur Schnüffelkontrolle antreten; Friseur- und Kleidungsquittungen samt Produkten (beziehungsweise Ergebnis) monatlich unaufgefordert vorzeigen; regelmäßig ein Fitneßstudio besuchen (und benutzen).

9. *... rücksichtsvoll sein.*
Übungen: freiwillig seine Schlafstätte wechseln, wenn ich von einem nächtlichen Streifzug nach Hause komme; sich einsperren, wenn ich alleine sein will.

10. *... finanziell unabhängig sein.*
Übungen: mir dreimal wöchentlich eine kleine Aufmerksamkeit kaufen; mich unaufdringlich zweimal wöchentlich zum Essen einladen (das bedeutet: Ich präsentiere mich im Lokal alphagemäß, indem ich die Gesamtrechnung zahle, während er mir zu Hause die komplette Summe zurückerstattet).

III. WAS MUSS ICH BEI DER HALTUNG BEACHTEN?

KONSEQUENZ IST ALLES

Der Mann sollte gleich von Beginn an wissen, was er darf und was nicht. Und an diesen Grundregeln muß festgehalten werden, wenn Sie nicht Ihre Autorität einbüßen wollen.

Im Haushalt können dem Mann feste Aufgaben zugewiesen werden. Beim Kochen sollte er die Menüabfolge hin und wieder selbst festlegen dürfen. Im Außenbereich ist Konsequenz besonders wichtig, sonst erliegt Ihr Hausgenosse so manchen Versuchungen, sei es, daß er zuviel Geld ausgibt oder daß er seinen Heimweg über eine Kneipe antritt.

Zu erhöhten Sitz- und Schlafstätten sollte der Mann keinen Zugang haben. Der Thron bleibt schließlich dem Leitmenschen vorbehalten, und das ist die Männerhalterin. Ein bequemes Matratzenlager erfüllt ebenso seine Zwecke.

DAS PAARUNGSVERHALTEN DES MANNES

Leider ist ein Wesenszug des Mannes die Polygamie. In der freien Wildbahn wählt der Mann nach eingehender Geruchskontrolle ein Weibchen aus und nähert sich ihm spielerisch. Jede Frau kennt solche Gesten, wie Augenzwinkern, ein Getränk spendieren oder verbale Annäherung (Flirt) bis hin zu handfesten Übergriffen wie Busengrapschen und Potätscheln.

Der eigentliche Begattungsakt dauert im Schnitt

fünf bis zehn Minuten. Die meisten Männer wenden sich danach anderen Weibchen zu, viele halten es freiwillig noch zwei bis drei Wochen bei der Frau ihrer Wahl aus.

Stadtmänner sind neurotischer als Landmänner und daher sexuell schwieriger zu nehmen.

Nun, bei allen Bestrebungen einer Frau, ihren Mann artgerecht zu halten, muß sie dessen Freiheitsdrang nicht unwidersprochen hinnehmen. Polygames Verhalten zeugt von Undankbarkeit und Untreue (siehe auch »Exemplarisches Trainingsprogramm«, Punkt 7). Daher sind längere Enthaltsamkeit in der Kennenlernphase und ständige Kontrolle während des Zusammenlebens besonders wichtig. Zur eigenen Erfüllung wird es eine geschickte Frau verstehen, ihrem Mann die Grundregeln niveauvoller Sexualität beizubringen, indem sie mit ihm Übungen zum genußvollen Vor- und Nachspiel trainiert. Das bindet und lenkt den Mann von anderen erotischen Versuchungen ab.

DIE KÖRPERSPRACHE DES MANNES

»Ich möchte spielen!«

Der Gesamteindruck des Mannes sowie einzelne Körpersignale drücken seine Bedürfnisse aus. Ist er in Spiellaune, zieht er seine Lippen entspannt zur Seite, oft ist auch der Mund ein wenig geöffnet. Die Ohren legt er an, Brillenträger legen ihr Gestell zur Seite und machen kugelige Augen. Beim Frauchen ist jetzt Raufen oder zärtliches Ohrenzupfen angesagt. Achtung: Kann im Liebesspiel enden!

»Ich drohe dir!«

Angriffsdrohen: Hierbei legt der Mann die Ohren nach hinten, die Augen verengen sich zu Schlitzen und fixieren das Frauchen, die Körperhaltung wird steif (im Gegensatz zum Geschlecht).

Abwehrdrohen: Die Genitalien werden zwischen die Beine geklemmt (Ausnahme: der Windhund, der nicht anders kann), die Lippen werden schmal, der Mann grummelt vor sich hin, ohne sein Frauchen anzuschauen.

»Ich unterwerfe mich!«

Unter flottem Schwanzwedeln nähert sich der Mann in geduckter Körperhaltung seinem Frauchen. Mit gespitztem Mund sucht er dessen Gesicht. Hier besteht die Gefahr des Ableckens. Oft legt sich der Mann auch auf den Rücken und hofft, mit eingekniffenem Glied (Ausnahme: der Windhund mit Dauerklemmung), auf Zuwendung.

»Schau her, wie toll ich bin!«

Der Mann richtet sich auf, kleinere Männer stellen sich auf die Zehenspitzen und recken den Hals samt Kopf nach oben. Glied und Ohren (beim Windhund nur die Ohren) werden hochgestellt. Oft stellt sich der Mann auch quer zum Frauchen und versucht, auf dieses herabzuschauen. Achtung: Es besteht die Gefahr des unkontrollierten Urinierens (unzulässiges Markieren)!

DIE LAUTSPRACHE DES MANNES

Gewöhnlich spricht der Mann lauter als die Frau. Das liegt an seinen stärkeren Stimmbändern und seinem größeren Lungenvolumen. Je nach Herkunft und Bildungsgrad kann sich der Mann zwischen stakkatohaftem Grunzen und eintönigem Geschwafel artikulieren.

Ein Jammern wird nuschelnd durch die Zähne gepreßt, wobei das Satzende klagend in die Länge gezogen wird: »Immer schwärmst du nur von diesem O –laaaf.«

Das Fluchen wird meist lautstark unter Betonung

jeder einzelnen Silbe vorgestoßen: **»Nicht schon wieder diesen Fraß!«**

Das Winseln schnieft der Mann in sich hinein, wobei er einige Silben verschluckt und direkten Blickkontakt vermeidet: »Wann darf i' endl' ma' wieder auf'n Sofa?« Wohingegen beim Jaulen als direkter Ausdruck von Betroffenheit oder Schmerz ein knapper Laut hervorgestoßen wird, der gleich eine ganze Oktave in die Höhe schnellt: »N-e-e-e-e-e-i-i-i-i-n!!«

KOMMUNIKATIONSPROBLEME ZWISCHEN MANN UND FRAU

Mißverständisse zwischen Männerhalterin und Mann sind entwicklungsbedingt vorprogrammiert. Es ist besser, sich dieser Einsicht zu stellen, als zu versuchen, aus einem Mann eine Frau zu machen. Mann bleibt Mann, und das will frau letztlich auch so. Gelegentlich keimen in der Frau ungute Gefühle auf, weil sie zum Beispiel glaubt, der Mann könne sich unter ihrer strikten Anleitung unterdrückt fühlen.

Diese Sorge ist unbegründet. Schließlich entspricht es dem Wesen eines Mannes, für sein Frauchen zu sorgen, nach dem täglichen Geld zu jagen und einen festen Platz (unter Ihrer Alpha-Herrschaft) einzunehmen. Diesen Instinkten darf er bei Ihnen nachgehen. Ein kluges Frauchen ist allerdings darauf bedacht, sich die Eigenschaften ihres Mannes zunutze zu machen und ihn nicht etwa nach seinen eigenen Vorstellungen wildern zu lassen.

Auch läuft eine Frau oft Gefahr, ihren Mann zu überschätzen und zuviel Verständnis von ihm zu erwarten. Ein Mann ist nun einmal nicht in der Lage, in die weibliche Gefühlswelt einzutauchen. Was auf den ersten Blick oft wie Harmonie aussieht, entpuppt sich allzuoft als bloße Anpassung an die Frau oder gar Gleichgültigkeit. Ein Mann will in der Regel in der Beziehung seine Ruhe haben.

Entgegen der weitverbreiteten Frauenmeinung, ein Mann bedürfe außerhalb seiner Partnerschaft keiner anderen sozialen Kontakte, benötigt dieser regelmäßige anderweitige Interessen (die natürlich deckungsgleich mit denen der Männerhalterin sein müssen). Isolierte Männer neigen zur Verschrobenheit bis Bissigkeit, was dem eigentlichen männlichen Naturell widerspricht. Solche Erziehungsfehler rächen sich.

IV. DIE EINGEWÖHNUNG DES NEUEN MANNES

Ihr neuer Hausgenosse soll sich bei Ihnen wohl fühlen. Dazu gehört, daß er eine feste Schlafstätte vorfindet. Auch sollte er alles Notwendige für die tägliche Pflege schnell selbst finden können. Zeigen Sie ihm den Kühlschrank, den Vorratskeller, aber unbedingt auch das Küchengeschirr und die Spülmaschine. Schließlich soll er sich vom ersten Tag an daran gewöhnen, daß Kochen und Hausarbeit nicht allein Frauensache sind. Legen Sie dem neuen Mitbewohner einen Einkaufszettel mit Bleistift zurecht (bereits nach den ersten Tagen wird er die heimischen Rituale verinnerlicht haben), und bitten Sie ihn, fehlende Lebensmittel zu notieren und – natürlich vom eigenen Geld – herbeizuschaffen.

Zumindest für den Anfang empfiehlt es sich, eher etwas streng vorzugehen und auch nächtliches Herumstreunen zu unterbinden. Das fällt verliebten Männerhalterinnen vielleicht zu Beginn ein bißchen schwer, aber zu schnell schleift sich ein solches Fehlverhalten ein, und Sie riskieren Ihren Rang als Rudelführerin.

DIE AUSSCHLIESSLICHE BEZUGSPERSON BIN ICH

Wenn Sie mit ihm alleine sind, erübrigt sich das Problem: Die Kommandos geben Sie. Bringen Sie eine Familie ein oder setzen Sie Ihre Neuwerwerbung anfangs zu häufig ihrem Freundinnenkreis aus, müssen Sie achtsam sein. Die Rudelführerin sind Sie! Befehle von anderer Seite gegenüber Ihrem neuen Mann sind zurückzuweisen, sonst zeigt sich dieser irritiert.

Der Mann verfügt über kein weibliches Wortverständnis. Der Ton ist entscheidend. Sprechen Sie liebevoll, aber bestimmt. Anschreien ist entgegen der landläufigen Meinung unangebracht.

KOMMANDOREGELN

Kommandos müssen prägnant formuliert sein. Mit komplexen Sätzen, hintergründigen Fragen oder Unterschwelligkeiten ist das männliche Gehirn überfordert.

Blicken Sie Ihrem Mann fest in die Augen, und bringen Sie unter direkter Ansprache Ihr Kommando vor. Sollte dieses nicht unmittelbar befolgt werden oder aber keine länger anhaltende Wirkung zeigen, wiederholen Sie den Vorgang mit einem kleinen Korrekturgriff, zum Beispiel dem Zupfen am Ohr, sonst leidet der Gehorsam.

Wichtig auch: Bleiben Sie bei *einem* Kommando. Zwei direkt nacheinander vorgebrachte verwirren den Mann.

Falsch: *»Ferdi, ich habe den Eindruck, du bist mit deinen Gedanken ganz woanders. Könntest du mir nicht ein einziges Mal zuhören? Und außerdem: Hör auf, immer zur Fernbedienung zu greifen, wenn ich mit dir rede!«*

Richtig: *»Ferdi, zuhören!«*

Einfache Kommandos

1. *»Zuhören!«*

Dieses Kommando ist gedacht für den Fall, daß der Mann mit seinen Gedanken merklich abschweift, während sein Frauchen vom tollen Hosenanzug schwärmt oder auch vom jungen Abteilungsleiter. Besonders wichtig ist das Kommando auch bei Auseinandersetzungen mit dem Mann, die sich selbst bei gehorsamen Männern nicht immer vermeiden lassen.

2. *»Hör auf!«*
Dieses Kommando bedeutet einen Stopp bei allen Grenzüberschreitungen. Bedeutsam wird es vor allem bei ungerechtfertigten Vorwürfen und unfairen Diskussionen.

3. *»Bei Fuß!«*
Das Kommando ist ein unmißverständliches Signal für ein bevorstehendes Liebesspiel. Selbst bei Begegnungen mit anderen attraktiven Frauen zeigt es (auch gegenüber der potentiellen Rivalin) seine Wirkung.

4. *»Hau ab!«*
Dieser Zuruf zeigt, je nach Tonlage, unterschiedliche Wirkung. Bei milderer Stimmlage wird sich der Mann vorübergehend zurückziehen, bei entsprechender Lautstärke muß er endgültig das Weite suchen.

SO MACHE ICH IHN STUBENREIN

Die Mehrheit der Männer neigt dazu, das neue Heim als ihr eigenes Revier zu betrachten. Das Resultat sind Dreckklümpchen von Straßenschuhen auf dem Fußboden sowie Urinspritzer um die Toilette herum. Weitere unangenehme Spuren sind Bart-, Haupt- und Schamhaare im Waschbecken, in der Badewanne und auf dem Fußboden.

Ein solches Fehlverhalten muß im Keim erstickt werden. Bitten Sie daher ihren neuen Mitbewohner, die Schuhe im Hausflur abzulegen, Wanne und Waschbecken von den Haaren zu befreien. Das Urinieren hat unbedingt im Sitzen zu erfolgen, auch wenn Ihr Mann glaubt, mit seinem hohen Bogenstrahl anderen möglichen männlichen Nachfolgern imponieren zu müssen. Kontrollieren Sie ihn durchs Schlüsselloch, und korrigieren Sie ihn unmittelbar nach seinem Fehler, indem Sie ihn am Kragen schütteln und mit ihm schimpfen. In Zukunft wird er sein schlechtes Verhalten vermeiden. Diese Art des Lernens nennt man auch »bedingte Aversion«.

SO GEHT ER RICHTIG AN DER LEINE

Der Mann muß lernen, bei Fuß zu gehen. Ziel ist es, daß er ohne störrisches Zerren leinenlos neben seiner Frau geht. Zurückbleiben oder Vorlaufen ist eine Unart des Mannes.

Übungen:

1. Leinen Sie Ihren Mann an. Wählen Sie eine kurze, gerade Strecke, und erteilen Sie das Kom-

mando »bei Fuß!« (siehe auch »Einfache Kommandos«, Punkt 3). Die Leine muß locker durchhängen.

2. Der Mann bleibt angeleint. Sie gehen im Zickzackkurs durch die Fußgängerzone. Die Leine bleibt locker, der Mann verliert nicht den Blickkontakt zu Ihnen.

3. Sie laufen mit Ihrem Mann ohne Leine durch das Rotlichtmilieu Ihrer Ortschaft/Stadt. Er bleibt an Ihrer Seite, ohne zu sabbern oder nervös zu werden.

Auch hier gilt: direkte Korrektur bei schlechtem Verhalten. Wiederholung der Anfangsübung bis zum gewünschten Erfolg. Notfalls auch ein Kettenhalsband anlegen.

DER MANN BLEIBT ALLEIN ZU HAUSE

Einen Mann artgerecht zu halten heißt, daß er möglichst oft in der Nähe seiner Halterin sein darf. Von Werbespots, die gern den Mann als einsamen und ruhebedürftigen Wolf zeigen, sollte sich eine Frau nicht beirren lassen.

Diese dagegen hat öfter das Bedürfnis, ihren eigenen Interessen nachzugehen, sei es, daß sie sich mit Freundinnen mal so richtig ausquatschen oder daß sie in der Disco ihre Anziehung auf andere Männerrassen testen will. Statt sich mit einem schlechten Gewissen zu belasten, sollte die Männerhalterin sich damit trösten, wie sehr sich ihr Mann auf ihre Wiederkehr freut.

REINHARDT

Die ersten zehn Tage sollten jedoch vorbehaltlos Ihrem Mann gehören, damit er sich an Ihren Tagesablauf gewöhnen kann und Ihren Rückzug nicht etwa als Liebesentzug mißversteht.

Ist es dann soweit, trösten Sie ihren Zweibeiner mit einem netten Zuspruch, und stellen Sie ihm zu einem Bierchen etwas Knabbergebäck hin. Bleiben Sie anfangs höchstens zwei Stunden fort, und steigern Sie erst nach und nach Ihre Ausflüge (maximal eine Nacht!). Sollte er in Ihrer Abwesenheit auf krumme Gedanken kommen und sich etwa bei einer anderen ausheulen, weisen Sie ihn in seine Schranken zurück (siehe auch »Einfache Kommandos«, Punkt 2).

DAS APPORTIEREN

Seinem Frauchen zu dienen, ist dem Mann angeboren. Jeder kennt die Eigenschaft des Apportierens, die degenerierte Männer oft als Pantoffelheldentum abtun.Für eine Männerhalterin ist es wichtig, *was* ihr Zweibeiner ihr anschleppt. Saufkumpane und dreckige Socken sind natürlich tabu. Angerichtete Mahlzeiten sowie hübsche Mitbringsel dagegen erwünscht (siehe auch »Exemplarisches Trainingsprogramm«, Punkte 1 und 10).

DER MANN DARF MIT

Ob ein Mann die Freizeitinteressen seines Frauchens teilt, sollte dieses zu Beginn des Zusammenseins abklären. Eine kulturell ausgerichtete Frau mit Konzert-Jahresabo ist mit einem fußballbegeisterten Begleiter ebenso schlecht bedient wie eine Discogängerin mit einem Schoßhund.

Gemeinsame Unternehmungen sollen für beide

Seiten ein Genuß sein. Dazu gehört natürlich, daß sich Ihr Begleiter zu benehmen weiß. Flirtkontakte mit anderen Frauen während eines Candle-light-Dinners sind eine zu unterbindende Unart.

Ebensowenig sollten Sie das Herumstreunen oder das Abweichen von Ihrer Seite durchgehen lassen. Zu leicht entsteht der Eindruck, daß Sie nicht Herrin Ihres Mannes sind, oder es schleift sich ein Fehlverhalten ein (bis zum gänzlichen Ausbleiben).

WENN MÄNNER ZU SEHR RAUFEN

In der Begegnung mit männlichen Artgenossen kommt es leider immer wieder zu unerfreulichen Erlebnissen, gerade wenn er mit seiner Herrin unterwegs ist. Kein Wunder, versteht sich doch der Mann von seiner Entwicklungsgeschichte her als Verteidiger seiner Familie. Hinzu kommt sein Imponiergehabe.

Frauen, die sich an derlei Kampfsituationen erfreuen, können die beiden Männer eine Weile miteinander kämpfen lassen. Spitzt sich die Lage jedoch zu, sollte sie ihrem Zweibeiner mit Bauchstimme ein markerschütterndes Drohkommando erteilen (siehe auch »Einfache Kommandos«, Punkt 2 und »Exemplarisches Trainingsprogramm«, Punkt 7).

Hilft das alles nicht, packen Sie ihn am Kragen und bringen Sie ihn durch kräftiges Schütteln und Anschnauzen zur Raison.

Wollen Sie es gar nicht erst zum Kampf kommen lassen, erteilen Sie das Kommando »Zuhören!« (siehe auch »Einfache Kommandos«, Punkt 1), und zwar, noch bevor Ihr Mann die bevorstehende Konfrontation mit seinem Geschlechtsgenossen selbst bemerkt (auch »bedingte Hemmung« genannt).

BELOHNUNG UND BESTRAFUNG

Belohnung: Damit Ihr Mann jederzeit weiß, woran er bei Ihnen ist, geben Sie sich eindeutig. Zeigen Sie deutlich, was Ihnen gefällt und was nicht. Hüten Sie sich davor, eine Sache das eine Mal zu verbieten und das andere Mal durchgehen zu lassen. Das überfordert jeden Mann (siehe auch »Konsequenz ist alles«).

Entspricht der Mann Ihrem Wunsch, indem er Ihnen zum Beispiel einen Wodka-Orange mit Orangenspirale und Puderzuckerrand serviert, hat sich Ihr Zweibeiner eine Belohnung verdient. Hier reicht die Bandbreite vom knappen Aufblicken aus der Frauenzeitschrift und der Andeutung eines Lächelns über das intensive Potätscheln mit Küßchen auf die Wange bis zum leidenschaftlichen Zungenkuß und anschließender Kopulationsbereitschaft. Das bleibt jeder Männerhalterin selbst überlassen, je nach Laune und zurückliegendem Betragen ihres Hausgenossen.

Bestrafung: Diese erfolgt unmittelbar nach dem Verstoß. Länger zurückliegende Handlungen weiß der Durchschnittsmann nicht mehr mit Ihrer Maßregelung in Verbindung zu bringen. Auch hier gibt es abgeschwächte bis äußerste Mittel, auf die eine Frau zurückgreifen kann. Gammelt zum Beispiel die Buntwäsche ungewaschen vor sich hin, kann die Frau es zunächst mit einer harsch vorgebrachten Rüge versuchen. Reagiert ihr Zweibeiner nicht, so kann sie ihn am Kragen packen und den Widerspenstigen mit der Nase in den Wäscheberg stupsen. Bei ganz störrischen Exemplaren muß die Frau in ihrer Selbstbehauptungskiste kramen, dem Mann fest in die Augen sehen, ihn anbrüllen und in die kämpferische Ausgangsposition gehen. Dann mit einem Aus-

fallschritt nach vorne beide Hände (Fingerspitzen abknicken!) in Richtung Gesichtshöhe des Mannes und ein Knie in dessen Genitalgegend schnellen lassen.

PROBLEME UND HILFESTELLUNG

Ines K. aus Donaueschingen: Mein Mann hat bis vor kurzem aufs Wort gehorcht. Nach nunmehr zwei Jahren beginnt er, die Wohnung zu markieren, indem er überall seine Sachen herumliegen läßt.

Antwort: Er hat unzulässigerweise, von Ihnen unbemerkt, Ihre Abwesenheit ausgenutzt und sich mit anderen Geschlechtsgenossen ausgetauscht. Beginnen Sie Ihr Trainingsprogramm von vorn.

Uta B. aus Ludwigshafen: Ich selbst bin sportbegeistert. Mit viel Mühe und Liebe habe ich meinen Mann dazu gebracht, Squash zu spielen, doch jetzt liegt er völlig unbeweglich unterm Sofa und verdreht die Augen.

Antwort: Als Sie sich in Ihren Zweibeiner verliebten, waren Sie gegenüber seinen tatsächlichen Möglichkeiten blind. Sie haben es mit einer Qualzüchtung zu tun, deren Konstitution nicht mit der Ihren zu vereinbaren ist. Geben Sie ihn in liebevolle andere – unsportliche – Hände.

Franziska H. aus Berlin: Ich war immer stolz darauf, daß mein Oskar an der langen Leine ging. Nie ließ er sich beirren und ging in Fußhöhe neben mir her. Ich muß noch erwähnen, daß wir bis vor kurzem in einer Hundert-Seelen-Gemeinde wohnten.

Antwort: In Ihrem Dorf fehlten Oskar die Reize. Das weibliche Angebot hielt sich in Grenzen, und er ging seinen Trott. In einer Stadt wie Berlin muß Oskar nun mit allen möglichen fremden Verlockungen fertig werden. Auch Sie haben jede Menge Konkurrenz bekommen. Unterziehen Sie Ihren Mann einer Spezialausbildung als Blindgänger. Das beruhigt seine und Ihre Nerven.

Gunhild Z. aus Freiburg: Bei aller konsequenten Erziehung habe ich meinen Fred nun doch gelegentlich bei mir im Bett liegen. Ich gebe zu, daß es mir schwerfällt, ihn *unters* Bett zu verdammen.

Antwort: Jetzt müssen Sie ausbaden, was Sie selbst versäumt haben, nämlich eine *wirklich* konsequente Männererziehung. Ein Mann kann nicht mit Regeln und Ausnahmen umgehen. Das verwirrt ihn nur und bringt ihn auf falsche Gedanken (Stichwort: krummer Hund). Verlagern Sie Ihre Liebesstätte auf einen weichen Teppich, und beginnen Sie mit Ihrem Erziehungsprogramm von vorne.

Kathrin C. aus Münster: Wenn ich liege, dann steht er. Muß ich mich von meinem Mann trennen?

Antwort: Egal, wovon die Rede ist – Sie verhalten sich zweideutig, statt klare Kommandos zu geben. In eindeutigen Situationen gilt für Ihren Zweibeiner in jedem Fall: »Bei Fuß!«

Liebe Männerhalterinnen, sollten auch Sie Fragen
oder Probleme mit Ihrem Zweibeiner haben,
schreiben Sie an:
Eichborn Verlag,
Kaiserstraße 66, 60329 Frankfurt/Main.

V. WIE WERDE ICH IHN WIEDER LOS?

DIE MÄNNERPENSION

Melden Sie Ihren Zweibeiner unter falscher Adresse in einer Männerpension an. Vereinbaren Sie einen Abholtermin, den Sie selbstverständlich nicht einhalten. Sorgen Sie aber dafür, daß Ihr Zweibeiner über ein ordentliches Äußeres verfügt und sich zu benehmen weiß.

Nach anfänglichem Jaulen wird er Ihre Abwesenheit verwinden und sich bereitwillig von einem anderen Frauchen adoptieren lassen.

ANDERE BEZUGSPERSONEN ORGANISIEREN

Eine erfreulichere Alternative zur Männerpension ist die private Suche nach einer anderen geeigneten, liebevollen Männerhalterin. Hier bieten sich zwei Möglichkeiten an:

1. Sie fragen in Ihrem Freundinnen- und weiblichen Bekanntenkeis herum, ob nicht etwa der Bedarf nach einem Schoßhund etc. besteht oder ob nicht eine etwas ängstliche Frau sich einen kämpferischen Weggefährten sucht. Zugegebenermaßen nehmen Freundinnen und Bekannte nicht gern abgelegte Exemplare, zumal sie ja schon allerhand Übles darüber erfahren haben. Hier ist Überzeugungsarbeit zu leisten. Dennoch, den Versuch sind Sie Ihrem ehemaligen Liebling schuldig.
2. Sie kleben Handzettel mit einem Foto Ihres Zweibeiners an Litfaßsäulen und an Schaufensterscheiben, zum Beispiel mit dem Wortlaut: Welche Frau bewahrt ergebenen Schoßhund mit Spezialausbildung im stummen Dienen vor dem Eingeschläfertwerden? Mit gültigen Papieren sowie komplettem Impfausweis nur in erfahrenen Schoß zu übergeben.

2560030
REINHARDT

DIE ZEITUNGSANNONCE

Um erfolgreich zu sein, müssen Sie von Standardformulierungen absehen. Haben Sie also Mut zum Protzen – eine Erfolgsgarantie verlangt keine von Ihnen.

Beispiele:

- Wirklich unterwürfiger Rassemann mit jahrelangem Begleittraining in nur schmusige Hände abzugeben.

- Temperamentvoller Dandie sucht umständehalber dominante Halterin, der er die Welt apportieren darf.

- Familienkompatibler Gebrauchsmann sucht neue Herausforderung in wirklich turbulentem Haushalt mit notorischem Arbeitsüberhang.

- Hilfe! Mein Vermieter duldet keine Männerhaltung mehr! Mein bestens durchtrainierter, leinenführiger Vorzeigemann lechzt nach toleranter Umgebung mit unternehmungslustigem Alpha-Vollblutweib.

DAS AUSSETZEN

Bei diesem Begriff kommen ungute Gefühle auf, doch sollte frau sich nicht beirren lassen, hat sie einmal die Entscheidung zur Trennung getroffen. Auch sollte die Halterin wissen, daß der Begriff einst von der Männerschutzorganisation kreiert wurde, um frau ein schlechtes Gewissen einzuimpfen.

Hinlänglich bekannt ist das Aussetzen an Autobahnraststätten oder entlegeneren Plätzen. Auch der Mann spürt, daß Ihre Entscheidung eine oft zermürbende Vorlaufzeit hatte und daß Ihr Schritt letztlich konsequent ist. Bleiben Sie standhaft, und reden Sie ihm freundlich, aber bestimmt zu. Stellen Sie seine Siebensachen neben ihn, und sorgen Sie für ein adrettes Outfit.

Sie glauben ja gar nicht, wie schnell Ihr vermeintliches Opfer wieder Anschluß findet. Schließlich gibt es viele weibliche Singles, die auf der Suche nach einem Weggefährten sind.

Erfolgversprechend ist auch die Vorweihnachtszeit. Ein etwas verlottert wirkender Streuner mit Hundeblick und Brokatschlips vor einem leeren Einkaufswagen an den überlaufenen Kassen kann nur Mitleid erregen.

»Vergessen« Sie ihn auf Parkplätzen, beenden *Sie* vorzeitig seine Pinkelpause während einer Autofahrt, indem Sie – ohne ihn – Gas geben.

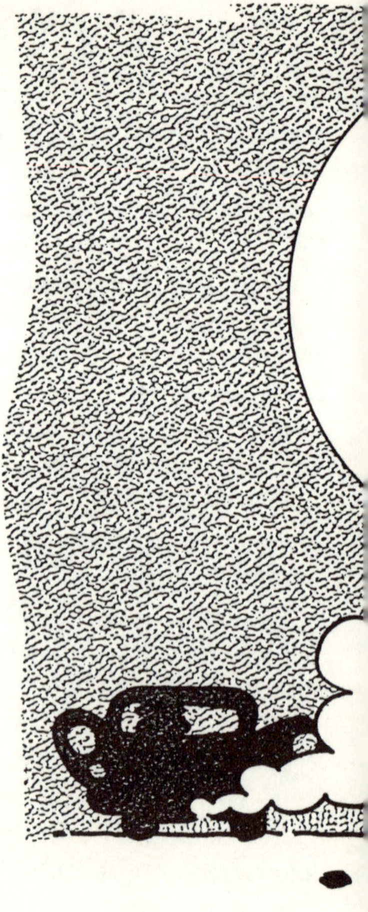

REINHARDT